임진강

국립중앙도서관 출판시도서목록(CIP)

임진강 : 황의진 시집 : 임진강에서 희노애락을 가꾸는 임진강의 시인
/ 지은이: 황의진. -- 대전 : 오늘의문학사, 2013
p. ; cm. -- (오늘의문학 시인선 ; 323)

ISBN 978-89-5669-571-6 03810 : ₩8000

한국 현대시[韓國 現代詩]

811.7-KDC5
895.715-DDC21 CIP2013019566

임진강

황의진 시집

오늘의문학사

◆ 시인의 말 ◆

나는 임진강 상류에서 태어났다.

그리고 유년기에 6.25사변이 일어났다. 1.4 후퇴 당시 아버지는 북으로 끌려가셨고 어머니는 행방불명이 되었다. 오누이만 남겨졌으나 누이동생도 피난길에 잃었다.

정전 후 임진강 하류에 살며 군 복무를 맞추고 사회일원으로 참여하려 했으나 아버지의 납북 때문에 연좌제에 묶여 국외취업은 물론 사회활동에도 많은 제약이 뒤따랐다.

그때부터 나는 자연과 친숙하게 되었다.

전쟁터 같은 살벌한 생존경쟁 속에서 하루가 다르게 쏟아져 나오는 신기술 신지식이 아닌, 고요한 밤의 하늘과 아기들의 눈빛처럼 반짝이는 별들, 옷깃을 조용히 흔드는 바람과 언제나 손짓해주는 풋풋한 나뭇잎, 순리대로 땅 위를 느리게 기어 다니는 벌레, 임진강 물속을 학처럼 헤엄치는 숭어 떼, 모두 오염되지 않고 정겨웠다. 나는 그들과 노래하며 말하며 위로하며 인삼농사를 지으며 살았다.

내가 농사를 짓는 땅도 임진강을 경계로 민통선이 그어진 곳으로 출입증이 있어야 들어가 일을 하고 저녁이면 모두 나와야 하는 조용한 곳이다.

어느 날 지인으로부터 그들과의 소통과 일상을 글로 써보라는 권유로 글을 쓰기 시작해 오늘 비로소 첫 번째 시집을 내놓게 되었다.

그동안 주위에서 용기와 격려를 해주신 모든 분께 감사드린다.

황 의 진

차례

2부 임진강

3부 미소요양원

4부 강가의 여인

5부 노숙자

1부

가슴에 심은 나무

앵두가 보석처럼 열렸다
종이컵에 앵두를 따다 아내에게 주었다
아내는 머리맡에 놓아두고
매일 몇 알씩 손으로 비비며 맛을 보곤 했다

더위가 한풀 꺾일 무렵 포도가 익었다
포도 알을 종이컵에 하나 가득 땄다
아내는 눈물이 글썽이도록 감격해서
냉장고에 넣고 매일 한 알씩 꺼내 감상하곤 했다

|임·진·강/가·슴·에·심·은·나·무|

한가위

누워있다
천장 한가운데 뿌연 등이
보름달 같다

옆으로 돌아누웠다
TV에선 장사 씨름대회
한창 크라이막스다

주방엔
아이들이 엄마 차례상 준비하느라
나도 잊었다

김치 듬성듬성 누워 있고
부추 삐죽삐죽 나온 부침개 받쳐 들고
여보, 배고프지 이거 먼저 먹고 기다려요
문 앞에 아내가 웃고 있다

호박잎

이동슈퍼 봉고차 앞에
아낙들이 조잘거리며
조기 명태 고등어
한 바구니씩 안고 간 뒤
뒤편에 처져 있던
스무 살 된 허약해 보이는 새댁이
만삭인 몸으로 다가가
20원짜리 호박잎 한 묶음을 집어 들었다

그날 저녁 반찬은 강된장에
데쳐낸 호박잎뿐이었다
호박잎이 제일 먹고 싶었어요
어색하게 나를 위로하는
아홉 살 아래인 아내
농사꾼이 되길 결심하던 날
의대 나와 인턴 과정 공부하는
첫아이를 낳았다

농장 생활이 너무 힘겨워
옛이야기 하며 여행 한번 못 가고

어린 자식들 눈에 넣은 채
노을 붉게 물든 선산으로 갔다
텅 빈 농장 한편에
어린 아내가 먹고 싶었다고
나를 위로했던 호박잎에는
항상
이슬이 많이 고여 있다

첫 기일

하늘나라로 떠난 지 일년
당신 신주 앞에
메 한술 떠놓았소

눈물을 참으려고
밖으로 나와
하늘을 올려다보았소
검은 구름이 줄 이어 가고 있소

나는 구름 뒤에
당신이 웃고 있을 것 같아
구름이 다 지나가도록
기다렸소

구름이 다 지나가고
달이 나왔소
달 뒤에 당신이 졸고 있을까 봐
달이 넘어가기를 기다렸소

달도 넘어가고
별도 다 쏟아진 빈 하늘에
멀리서 햇살이
느리게 오고 있소

치매

가슴속에
멍울이나 씻어내려고
폭포에 왔오

예나 다름없이
물총새 맴돌다 내려와
송사리 물고 간 뒤
햇빛이 무지개 만들 뿐
용솟음치는 물처럼
쌓였던 그리움 살아 나오네

도시락 펼치고
마주앉았던 너럭바위에
당신의 모습 불러 앉히고
시 한편 써본다오

시를 쓰면 치매가 안 온다 해서라오
꿈속에 당신이 다니러오면
못 알아볼까
염려 되어서라오

첫 번째 날

골짜기에 첫 번째 달이 뜨던 날
당신의 얼굴이 처음으로 환해졌습니다

골짜기에 첫 번째 해가 뜨던 날
당신의 얼굴이 처음으로 맑았습니다

골짜기에 첫 번째 바람이 찾던 날
당신의 머리카락이 처음으로 흩날렸습니다

골짜기에 첫 번째 이슬이 내리던 날
당신이 눈물을 처음으로 흘렸지요

골짜기에 첫 번째 비가 내리던 날
나도 처음으로 따라 울었습니다

당신 적적한 골짜기에서 매일 외로워하는데
나는 고작 이름 가진 날만 찾아온답니다

북어 한 마리 소주 한잔 따라놓고
당신과 처음으로 같이 울었습니다

생쥐

언제부턴가 우리 집엔
생쥐 한 마리 드나든다
어떤 날은 빵을 물어가기도 하고
언젠가는 밤톨을 물고 오기도 한다.

이젠 나를 보고 도망도 안 간다
생쥐는 까만 눈동자가 빛난다
내가 몸이 아파 누워 있으면
내 주위를 맴돌며 콩콩 뛰다 간다

생쥐가 요즘 뜸해졌다

방을 치우는데
방바닥에 생쥐 털이 남아 있다
지난날 생쥐의 가느다란 기억들이
털끝처럼 바람에 하늘거리다
청소기 흡입구로 지워져 간다

상고대

첫사랑은
날 따라온 꽃이라네
꽃은 눈물에서만 피었다네

어느 날
나는 밤새워 울었다네
그러나 꽃은 피지 않았다네

그 후로도
내가 울 적마다
꽃은 끝내 피지 않았다네

눈물이
모여 모여 허공을 떠돌다
나뭇가지에 내려앉아

얼음 꽃이 피었다네

사별

당신의 눈물을
두 손으로 받아
청실에 방울방울 꿰어
목에 걸어두었다가
당신이 보고 싶어 눈병이 나면
한 방울씩 빼어 눈에 넣으리다

당신의 속삭임을
한 마디 한 마디 모아서
귀밑에 감추어 두었다가
화창한 봄날
당신의 목소리 듣고 싶으면
지나가는 바람결에
한마디씩 꺼내어 들으리다

꼭 잡고 놓지 못하던
당신의 고운 손을
가슴 속 깊이 묻어두었다가
창밖에 낙엽이 섧게 우는 밤

사무치게 그리우면
꿈속에서 꺼내어 만져 보리다

먼 훗날
둥지 속에 어린 새끼 새들
깃털이 늠름하게 자라
창공으로 힘차게 날아오르면
그때
당신 곁으로 조용히 찾아가리다

사랑이여

내가 눈물을 많이 흘릴 때
눈물을 헤치고 나를 만나러 온 사람

내가 괴로움의 늪에 빠졌을 때
그 늪에 기꺼이 뛰어든 사람

그리고 내 가슴속에 영원히 지지 않는
아름다운 꽃 한 송이 남기고 간 사람

이젠 내가 어디서든 볼 수 있게
하늘에 별이 된 사람

그대여 내 영혼이
가루가 되어도 잊지 못할 사람아

비밀번호

아내의 제삿날이 되면
조용히 제사를 지냈다
슬픈 기억을 지우려고
아내 얘기는 입에 담지 않았다
아이들도
엄마 얘기를 안 꺼냈다

나는
한편으로
애들이 엄마를
그새 다 잊고 있는 줄 알고
서운하기도 했다

어느 날
큰애가 은행카드를 만들어 보내왔다
나는 전화로 비밀번호를 물었다
0000 이야
엄마 생일날로 정했어

복사꽃

올해는
당신이 사랑하던
복사꽃이 피지 않았다
지난겨울 혹독한 추위를
괴로움으로 맞섰지만
봄이 와도
끝내 꽃을 피우지 못했다

썩어가는 나무를
톱으로 베어 넘긴다
죽은 나무도 안타깝고
내 마음도 찢어져
나무를 다시 심지 않는다
멀리 떠난 당신처럼
복사꽃을 기다리지 않는다

별들이 다 죽어가도록

어느 날
당신이 찾아와
두 팔로 내 목을 끌어안고
사랑한다고 사랑한다고
목이 메었다

하얀 쪽배에 몸을 싣고
당신이 은하수를 건너가던 날
별들이 다 죽어 가도록
귀뚜라미는
너무나 슬피 울었다

창가에
햇빛이 다 녹아 내려도
내 목에 걸어 두고 간
당신의 두 팔에서 헤어나지 못하고
꿈속을 헤맨다

막내아들

개복숭아로 술을 빚어 먹으면
무릎관절에 효험이 있다며
해마다 복숭아를 따던 절름발이 할머니는
무릎이 오그라붙어 더는 걸을 수 없게 되었다
치매도 심해져 이젠 사람을 알아보지 못한다
요양원 중증 환자실에
성한 무릎을 일으켜 세우고
침대에 비스듬히 누워 있다

엄마 속만 썩이던 오십이 넘은
막내아들이 찾아왔다
고개를 떨구고 있던 할머니
아들의 얼굴을 물끄러미 바라보더니
얼굴이 허여멀건 댁은 뉘시오
엄마 나예요 막내아들
할머니는 벽을 뚫어져라 응시하고 있다
아들의 불룩 나온 배를 쳐다보더니
애는 언제 낳을 거냐 배가 많이 불렀구나
엄마 나라고 막내아들 애는 무슨 애야
아들은 가랑잎 같은 엄마의 어깨를 흔들며

주먹으로 눈물을 문지른다
할머니는 말없이 멍하게
창 넘어 흰 구름 한 송이에 눈동자가 멎었다
영혼도 빨려 들어가고 있다

절름발이 할머니가 살던
산골 초가는 한쪽이 내려앉았다
매년 복숭아를 따던 개복숭아나무도
반은 얼어 죽고 반만 꽃이 피었다
엄마 봄은 어디서 오는 거야
봄은 저 고개로 넘어온단다
올해는 봄이 반만 넘어오고 있다

김장

허기진 용이
까마귀를 잡아먹고
비를 뿌리고는
깜빡하고 또 뿌리고
또 깜빡하고
세상이 온통 물로 퉁퉁 부었다

채소는 뭉크러졌고
살아남은 무 배추는
고라니가 먹고
멧돼지가 밟았다

남은 배추로
작은집에서 김장을 했다
곱던 작은어머니도
잔주름이 배추 잔뿌리처럼 얽히고
손가락 마디도 총각무처럼 굵어졌다
이제 일 그만 하시고 쉬세요 했더니
북망산 가면 원 없이 쉴 텐데
하시며 쓸쓸히 웃으셨다

나는 김치 통을 안고
차에 올랐다
작은어머니는 배웅 나오셔서
거친 손을 흔드셨다
서리 맞은 배추 잎이 펄럭이는 듯했다

달력

커다란 달력
커다란 글씨
밑줄엔 농약사 이름
달이 차면 뜯어내어
곱게 접어두었다가

제삿날 저녁이면
상위에 펴놓고
제물을 차리던 달력

한 장을 뜯으면
할아버지가 보이고
두 장을 뜯으면
할머니가…….

마지막 장을 뜯으면
웃고 있는
당신을 만나네

기러기 아빠

늦은 밤 찾아왔다
이른 새벽 떠나버린
아이들 눈에 비친
엄마의 애인이었네

자식들 공부 잘해
의과대 수석으로 장학금 받고
착한 아내 가난한 살림 잘한다고
부러워하는 사람도 있었지만
자식들에게
가난의 대물림 않으려는 집념일 뿐
나는 외로움과 고난의 삶이었다

이제사 짐을 내려놓고
귀뚜라미 등 뒤에 홀로 앉아
지난날 돌이켜보니
못난이의 그림으로 더럽혀진
화선지에 불과하구나

가슴에 심은 나무

농장에 앵두나무 한그루 심었소
아내는 가슴에 앵두나무를 간직하고 있다
얼마 후 나는 아내에게 말했다
포도나무하고 매실나무도 심었지
아내는 가슴에 과수원을 만들었다
나는 나무를 계속 심었다
아내의 가슴에 과수원을 만들기 위해서다

이듬해 앵두가 보석처럼 열렸다
종이컵에 앵두를 따다 아내에게 주었다
아내는 머리맡에 놓아두고
매일 몇 알씩 손으로 비비며 맛을 보곤 했다

더위가 한풀 꺾일 무렵 포도가 익었다
포도 알을 종이컵에 하나 가득 땄다
아내는 눈물이 글썽이도록 감격해서
냉장고에 넣고 매일 한 알씩 꺼내 감상하곤 했다

가을 추수할 때 아내한테서 전화가 왔다
간 이식 날이 10월 31일로 정해졌다는

손에 힘이 없어 전화기를 못 들고 있겠다고 했다
그 후로 다시는 아내 전화가 오지 않았다

봄이 왔다
냉장고에서 뚜껑을 덮어둔 종이컵이 나왔다
아내를 만난 듯 설레는 마음으로 뚜껑을 열었다
포도가 몇 알 남아 말라붙어 있었다

나는 가슴이 메어져 소리 내어 울었다
포도 컵을 식탁 위에 놓아두고 한해 여름을 났다
아내가 포도 컵을 가지러 꼭 올 것만 같아서였다

가랑비

찌푸린 하늘
창문을 열고 얼굴을 내민다

별이 된 당신이
구름에 가리워 내가 안 보여
보고 싶은 마음 전하려고

눈물을 뿌려
눈물을 뿌려
창가에 맴돌다
내 얼굴에 점자처럼 내려앉는다

당신이 전하는 간절한 마음
얼굴로 읽는다

2부

임진강

1.4 후퇴하던 해
폭격에 끊긴 독개다리에서
배고파 우는 동생을 세워놓고
여기서 기다리면
먹을 것 구해올게 하고는
다신 못 만났다

지금도
누이동생의 마지막 모습이
적벽을 넘지 못하고
푸른 물 위에 맴돌고 있다

| 임 · 진 · 강 / 임 · 진 · 강 |

임진 나루

임진 나루에
아지랑이 맑게 피어오르고
적벽에 철쭉꽃 내려와
푸른 물 붉어졌네

물속엔 살 오른 숭어떼
엇 비켜 수놓으며 노닐고
갈매기 한가히 나르는데
홀로 떠있는 나룻배 졸고 있네

나루터 위에 화석정
오백 년 묵은 느티나무 푸르니
임진왜란 한밤중 화광 속에
선조의 눈물 어른거린다

임진강

독개다리 목에 걸치고
푸른 배 드러내어
물비늘 눈부시게 춤추는
길게 누운 이무기
이름은 임진강

유년기에
이곳에서 6.25동란을 만났다
집은 불에 탔고
부모는 북으로 끌려갔다
오누이만 이곳에 버려져
무서워 울며 떨었다

1.4 후퇴하던 해
폭격에 끊긴 독개다리에서
배고파 우는 동생을 세워놓고
여기서 기다리면
먹을 것 구해올게 하고는
다신 못 만났다

지금도
누이동생의 마지막 모습이
적벽을 넘지 못하고
푸른 물 위에 맴돌고 있다

통일대교

새로 개통된 통일대교
현대 그룹 회장이 소떼를 몰고
보란 듯이 건너 북으로 갔다

옛날 6.25 동란 때 독개다리 위로
남쪽의 죄 없는 청년들과 함께
아버지도 인민군에게 끌려갔다

새로 고친 자유의 다리로
납북된 포로들이 일부 돌아왔지만
아버지는 끝내 소식이 없었다

그 후 나는 고아가 되어
미군 부대 음식찌꺼기로 연명하고
보육원과 친척 집을 전전했다

사회가 어느 정도 안정되자
친구들은 국외로 나가
돈 벌어 남부럽지 않게 살았는데

나는 아버지가 납북됐다는 이유로
연좌제에 걸려들어 국외취업은 물론
사회활동 제한을 받아 실업자로 살았다

아이러니하게도 꽃다운 청년들을 납치해서
무참히 잘 죽여줬다고 북괴들에게
고마워서 소까지 끌어다 주는 모양이다

임진강 건너엔
억울하게 죽은 사람 위에
살인자들이 여전히 당당하다

임진강의 눈물

나는 젊음이 다 기울도록
임진강을 넘나들며 농사를 지었다
아침에 건너가며 희망을 펼치고
저녁에 건너오며 지친 땀방울을 뿌렸다

많은 세월 동안
임진강물은 내려다보지 못하고
가로지른 4차선의 다리 저쪽
적벽만 바라보며 숨 가쁘게 다녔다
이제야 다리 밑으로
눈물이 흐르고 있음을 알았다

가족을 위해서라며
주위를 살필 겨를도 없이
일의 노예가 되어 가는 동안
값싼 외국 농산물은 몰려왔고
시대적 패배에 무릎을 꿇었다

지난날 한 번쯤
발밑에 흐르는 강물에

여유로운 감성에 젖어봤어도
이렇게 허무하진 않았을 것을
오늘 저녁노을은 유난히 짙게 내려앉는다

임진강이 바다가 되던 날

비가 폭포처럼 쏟아져
물이 임진강으로 모여들었고
바다는 목이 메어
물을 받아들이지 못하고
위로 토해내고 있다

임진강으로
바다가 올라왔고
바다는 점점 넓어져 가고
물은 위아래가 뒤섞이어
팥죽처럼 검붉게 끓고 있다

문산 시내로 배가 떠다니며
허우적거리는 사람들을 건져내고
동파리 내 전장은 모두
바다 한가운데가 되었다

며칠이 지나자
바닷물은 제자리로 돌아갔지만

문산역에 기찻길은 엿가락처럼 휘었고
농경지는 황무지가 되었다

시내에 몰려나온 사람도
논밭에 주저앉은 농부도
시치미 떼고 파랗게 개인 하늘
태연하게 흐르는 강물을 바라보며
기가 막혀 한숨만 짓고 있었다

콩밭

아지랑이 피어오르면
벙거지 벗고 대머리 갈라지며 올라온다
밭이랑에 고개 숙이고 늘어서면
꿩 부리가 재봉틀처럼 쪼아댄다

목이 잘린 어깨 너머로
연한 움이 나와 펄럭이면
고라니 혓바닥이
해일이 지나간 듯 쓸어버린다

군데군데 패잔병 숨어있듯 남아서
무더위 역겹게 참아내면
멧돼지 가족 몰려와서
뿌리를 뽑으며 허리를 분지른다

천신만고 열린 꼬투리
가을 햇볕 성화에 못 이겨 벌어지면
새들이 우르르 내려앉아
낟알까지 주워 먹는다

가을걷이 지나칠 수 없어
꺾어서 가려놓는다
들쥐들이 난전을 벌이고 나면
허수아비 손에 빈자로 무소유

야생동물 못 잡게 하는
거시기할 놈들
제 집구석 쌀이라도 먹일 일이지
왜 내 콩으로 기르려 하나

전진교

전진교에는
지축을 흔드는 전차 소리
초병들의 우렁찬 구령 소리
임진강 얼음 위에 잠이 든다

철새떼
날개깃에 머리 묻고
죽은 듯이 앉았는데
찌푸린 하늘에
눈발은 날려 날려
차디찬 바람 귀밑을 스친다

별빛도 잠들고
새까만 밤 깊어도
불빛 없는 전진교
가로등 환히 밝혀질 날
기다리고 기다린다

여우

꾀 많은 여우
날고기 한 덩어리 물고 와
묻어놓으려고
찾기 쉬운 표적감을 찾는다

이리 저리 살펴보아도
마땅한 것이 없자
하늘을 올려다보았다
하늘에 뭉게구름 한 송이
탐스럽게 피어 있다

저것이로다
여우는 구름 밑에 묻어놓고
만족스러워
탐스러운 꼬리를 살래살래 흔들며
어디론가 가고 있다

소박한 꿈

TV에 친구의 얼굴이 나왔다
나는 반가워서 TV 앞에 바짝 다가갔다
인터뷰하는 친구 뒤에 보이는 축사엔
소가 한 마리도 안 보인다
나는 가슴이 철렁 내려앉았다
오! 구제역
그 친구는 인터뷰하며 나를 쳐다보았다
나는 눈을 마주칠 자신이 없어
고개를 옆으로 돌렸다

얼마 전 빨갛게 익은 고추를 따는데
농장으로 나를 찾아왔다
축사 지어놓은 땅값이 많이 올랐다며
어미 소도 곧 백 마리로 늘어난다고 했다
일흔 살 넘으면 다 정리해서 시골에다
요양원을 지을 테니 나보고 같이 가서 살자고 했다
나는 고개만 끄덕였다
고개만 끄덕이지 말고 대답을 하라고 재촉이다
마치 저승엘 같이 가자는 것 같아서
끝내 대답을 안 했다

임진강 민통선 옆에 자리 잡은 작은 농장
전국을 휩쓸다 여기까지 찾아온 바이러스
천직으로 알고 기르던 소를 땅에 묻어야 했다
어미 소를 백 마리로 늘리고
꿈의 동산에 요양원을 짓겠다는 소박한 꿈을 안고
육십 평생을 급행열차처럼 달려온 친구는
문산역을 지나서
구제역에 영원히 머물 것이다

설

당숙 댁에 차례 지내러 간다
약수터길 넘으면
떡갈나무 흰 눈 한 아름씩 안고
소나무 목이 부러질 듯 눈이 올라앉았다
승냥이 발자국 따라가다
여우 발자국 밟으며 이십여 리길
한나절 겨워 사립문 앞에 이르면
삽살개 짖으며 마중 나왔었다

오늘은 일찌감치 차로 갔다
대문이 열리고
논밭 전장 팔아 미국유학 하고 출세했다는
큰아들이 식구들 데리고 나왔다.
허리 꼬부라진 당숙모도 나와 서 있다
애 엄마 친정에도 가고
나는 출근해야 하고 아이들 학원 때문에….
마누라 눈치 살피며 엄마한테 너스레를 떨다
나를 보곤 형님 들어가 쉬다 가세요 하고는
차에 올라타자 매연 속으로 사라졌다

화젓가락으로 화롯불 벌겋게 헤치고
석쇠 위에 부침개 인절미 올려놓으면
콩가루 떨어져 구수한 연기 자욱하고
어른 아이 둘러앉자 윷놀이 왁자하면
식혜 막걸리 사발이 오갔었는데

올해는 당숙께서도 차례 상을 받으셨다
일그러진 슬레이트집
안방 한가운데 덩그라니 놓인 찻잔엔
당숙모의 쓸쓸한 눈물이 고여 있다

봉 과장

동료는 승진되어
모두 떠났는데
봉 서방은 만년 과장이란다
그 자리라도 꿋꿋이 지켜야
가족들 배곯지 않게 부양한다며

아내는 몇 해 전
집 나갔다 돌아오며
똑순이를 낳아 데리고 왔다
봉 과장은 불평 한마디 없이
똑순이를 친딸처럼 예뻐했다

봉 과장도 늙어서
회사에서 퇴직했단다
아내는 집 나가고
자식들도 모두 떠났는데
똑순이만 남아서 들꽃 꺾어다
봉 과장을 위로하곤 했다

비가 억수같이 쏟아지던 날
봉 과장은 까막골에 쓸쓸히 잠들었다
봄이 오자 들꽃 꺾어 들고
똑순이가 찾아왔다
술 한 잔 따라놓고는
다음 달 미국으로 이민 가게 돼서
다신 못 올 것 같아요 하고
목메어 눈물 펑펑 쏟는다

해 떨어지는 까막골
까마귀 떼 울며 돌고 있다

봄이 오는 길목

보송보송 버들강아지
반질반질 잿빛 강아지
가지마다 소복이 나왔네

내가 불러 모두 따라오면
빈가지 허전할까 숨죽이고
살며시 앉아 입맞춤하네

늦잠자고 일어난 청개구리
버들강아지 등에 앉아
하늘만 바라보네

하늘에 먹구름 없어 울지 않고
도란도란 흐르는 도랑물 소리에
님은 언제 오려나
두 눈이 볼록 솟아오르네

봄을 삶다

햇볕 화창한 베란다에
고구마 상자를 열었더니
봄이 그득하다

상자 속에 있는 고구마
모두 눈을 길게 뜨고
반짝이며 올려다보고 있다

나는 미안한 마음으로
고구마 한 바구니 덜어내어
수돗물에 깨끗이 씻어
찜솥에 넣고
가스렌지에 불을 붙였다

고구마는 뜨거운 눈물 흘리다
한숨으로 솥뚜껑 들썩이며
봄을 다 내보낸다

멧새

도란도란 물소리에 끌려
도랑가에 앉았다
돌 틈을 손질하던 어린 가재가
반기려는지 찝으려는지
집게발 두 개를 번쩍 치켜든다

개나리 노란 물결 위에
두릅나무가 송아지 뿔처럼
머리를 볼록 내밀고
산자락에 진달래
바람에 반가운 소식 오는지
빨간 머리 연신 끄덕인다

버드나무에 앉아
긴 꼬리 깝쭉이던 멧새가
머리 위에 하얀 똥 내갈기고
앞산으로 날아간다
작년에 복숭아나무에 앉아
잘 익은 것만 골라 파먹는 것을
몽둥이를 들고 쫓았더니
아직도 감정이 불편한가 보다

초등학교 동창회

우리 다시 만남이
복이로세

그대들의 얼굴에서
옛 추억을 찾아내고

그대들의 웃음소리에서
동심을 만져보았네

그대들의 가슴에서
그때 그 꽃잎을 보았네

그대들의 어깨에
황혼의 비 내려도

건강한 모습으로
다음날 다시 만나세

달래

따스한 봄날
임진강변 들에서
엉덩이가 밤톨만한 달래
한 바구니 캐왔다

며칠째 베란다에서
졸고 있더니 시들시들해졌다
달래가 더 마르기 전에
아내가 와서 찌개를 했음 좋겠다

내일 모레면
아내가 떠난 지 7주년 기일이다
말라버린 달래 바구니 들고
아내 사진 앞에 서 있다

늦가을

노을에 젖은 산모퉁이
오솔길 옆 알밤 하나
고개 들어 위를 보니
수줍게 웃는 밤송이
남은 두 알 걸려 있다

한 알 줍고
나무 흔들어 마저 주울까
아니 그만
별빛 아래 마지막 밤
방울방울 맺힌 눈물
아침햇살에 은구슬 되게

밤송이 활짝 웃어
알밤 형제 굴러 내리면
이른 새벽 산책 나온
앞니 빠진 늙은 다람쥐 한쌍
데굴데굴 굴려가게

노루

노루가 뛴다
임진강변 산 지 수십 년
눈 마주치기만 하면
죽을 둥 힘을 다해 달아난다

모내기 끝낸 지금
지옥에 살다 온 양
아득히 힘든데
네가 뛰는 모습 벅차구나

갈대잎 다 자란
들판을 가로질러
바람 타고 등만 보이며
넘실넘실 날아간다

3부

미소요양원

못 보고 죽는 줄 알았는데
만나봐서 한을 풀었다며 흘리시는 눈물에
비를 몰고 가슴을 때리는 파도
터질 것 같다

밤이 깊었는데 나룻배 띄우려고
삼베적삼 벗어
울며 울며 돛을 만든다

|임·진·강/미·소·요·양·원|

텔레비전

집에 오면
으레 그놈 앞에 앉는다
뉴스 듣고 연속극 보다
밤이 깊어지면
발가락으로 찾아낸 리모컨을
손에 꼭 쥐고 자리에 든다

어느 날 그 옆에 누워 있다
곤히 잠들었다
새벽에 깨어보니
혼자 고래고래 소리 지르고 있다
이웃이 시끄러울 것 같아
급히 그놈의 입을 틀어막았다

조용해지자
창밖이 희끗희끗해진다

미소요양원

이곳엔 항상 기다리는 사람들이 산다
물이 없어도 파돗소리 들리고
나룻배 떠나간다
기다리다 지쳐서 누워 있기도 하고
기다릴 사람 없어도 기다린다

덜그럭거리는 녹슨 휠체어
졸음도 올 만한데
주섬주섬 꺼내어 구시렁대는 사연
이슬비에 젖는다

벼르고 벼르다
미소요양원에 들렀다
어릴 때 고모 등에 업혀 잠이 들고
고모 입속에 든 사탕도 꺼내먹던 나
긴 세월 돌고 돌아
어둑어둑해서야 찾아왔다

못 보고 죽는 줄 알았는데
만나봐서 한을 풀었다며 흘리시는 눈물에

비를 몰고 가슴을 때리는 파도
터질 것 같다

밤이 깊었는데 나룻배 띄우려고
삼베적삼 벗어
울며 울며 돛을 만든다

황사

황사는 봄이면 가끔 찾아온다
황사가 오면 마음이 언짢다
맑은 마음도 초롱초롱하던 눈동자도
희뿌옇게 덮어온다

황사는 무섭고 슬펐던
한국전쟁을 생각나게 한다
말 탄 중공군과 미군 폭격기
아우성치던 피난민들
즐비하게 누운 시체들
그때 부모와 하나밖에 없는 여동생
이웃들 아름다운 추억도 모두 사라졌다
남북통일도 멀어졌다
중공군 때문이었다

황사는 바로 중공에서 온다
농작물은 누렇게 병들고
빨랫줄에 옷들도 걷어야 하고
일광욕하던 장독도 덮어야 한다
뒤이어 값싼 농산물이 몰려온다
농사꾼이 된 나를 또 괴롭게 한다

지루한 날

한여름
허름한 양철지붕 밑 마루에서
허황한 공상 만화 펼쳐놓고
엎드린 채 잠이 들었다

만화 속 주인공이 되어
잠재의식 맘껏 펼치다
소나기 떨어지는 소리에
선잠 깨어
아직도 서운한 눈으로
빗발이 사납게 쏟아져
아우성치는 숲을 바라본다

더위 한풀 꺾이던 소나기 멈추고
태양이 노려보는 말복 날
개고기에 소주 한잔
잠이 덜 깬 몽롱한 눈앞에
뱅뱅 돈다

쥐꼬리

쥐는 영물이라서 날계란을 가져가는데
암놈이 계란을 안고 누우면 수놈이 꼬리를 물고
담을 넘어간다고 했지

참기름은 병마개를 열고 꼬리를 집어넣어
적셔가지고 꺼내 핥아 먹었고
광의 벼는 좁은 송판 틈으로 꼬리를 넣어
쑤셔내어 까먹곤 했지

쥐는 미워도 어쩔 수 없이 한 지붕 밑에 살았지
숫자가 많고 피해가 커져서
정부에서 쥐 잡이 주간을 설정하곤 했지
그럴 때면 내가 다니던 초등학교 교장 선생님께서
쥐꼬리 2개씩 잘라오라는 특명이 내려지곤 했어

우리는 몰려다니며 쥐를 잡는데 쥐가 우리보다
더 똑똑해서 잡히지를 않았어
그해 월남대통령이 방문 선물로 군화 60만 켤레를 주고 갔지
그 군화 끈이 가죽으로 되어있는 거야
가죽 끈을 쥐꼬리만 하게 잘라서 모닥불에 그을려

발로 문질러 쥐꼬리를 만들어 가지고 갔지
담임이 처녀 선생님이어서
징그러워 대강 숫자만 세본 거야

그 후로 쥐는 꼬리를 계속 잘렸어도 줄지 않고
내가 군에 입대 전까지 늘 한 지붕 밑에 살았지

구정에는 오겠지

지난여름은 유난히 더웠다
비는 백 년 만에 제일 많이 왔다고 한다
늙은 어미의 고추농사도 비에 무시렀다
남은 고추로 가루를 만들었다

아들에게 휴일에 다녀가라고 했다
토요일부터 일요일 밤까지 기다렸다
핸드폰이 꺼져 있었다며 밤늦게 전화가 왔다
처가 식구들과 속초에 놀러 왔다가
집으로 가는 중이니 기다리지 말라고 했다
어미는 아들의 무사한 소식에 만족했다

그 후 한번은 부산에서
다음엔 제주도에서 같은 전화가 왔다.
이번 주말에도 행여나 기다리며
이렇게 말했다
아들 친구 하나는 돈 다 가지고 집 나가서
그 어미는 겨울에도 냉방에 지낸다며
그에 비하면 내 아들은 참 효자라오

늙은 어미는 돌아서서
자상했던 영감님 사진을 바라본다
영감님 눈가에 눈물이 고인다

어머니와 쥐

한쪽 다리가 부러져 벽돌로 받쳐놓은
건들거리는 절름발이 찬장 밑엔
늘 강아지만한 쥐들이 득시글거리고 있었다
찌그러진 문짝을 비집고 들어가
사발로 마주 덮어놓은 밥 주발을 벗기고
한쪽 귀퉁이를 뺑 뚫어서 파먹고 가곤 했다

귀밑까지 흰 수건을 푹 눌러쓰고 땀에 흥건히 젖도록
밭일하고 오신 어머니는 찬밥 그릇 꺼내어
쥐 먹은 곳 덜어내어 개밥에 들어뜨리고는
남은 보리밥에 찬물 부어 오이지 반찬으로 허겁지겁
허기진 배를 채우고 나가시곤 했다

어느 날 쥐가 대낮에
찬장에 들어가 제상에 올릴 북어를 긁어먹는데
꼬리가 밖으로 길게 나와 있었다 어머니는
급한 마음에 맨손으로 꼬리를 감아쥐고 잡아챘는데
그만 손을 물려서 한동안 고생을 하셨다
그래도 쥐덫은 놓아도 쥐약은 못 놓게 하셨다
창자가 녹아서 죽을 텐데 오죽 불이 나겠느냐며

오늘은
고깃국에 쌀밥 한번 제대로 못 잡숫고 일만 하시던
어머니의 제삿날이다 상차림을 하다가 북어포를 보니
옛일이 생각나 북어 대가리를 잘라 문밖에 내놓고
그 옆에 술도 한잔 따라놓았다
어머니와 숨바꼭질하며 찬장 밑에 살던 강아지만한
옛날 그 쥐가 오늘 밤 어머니를 따라서
함께 올 것만 같아서였다

식물인간

당뇨병으로 힘겨워하던 친구가
저혈당으로 숨 쉬는 나무토막이 되어
요양 병원에 입원했다네

친구들 몇이서 찾아가보니
냄새 지독한 침대에 누웠는데
양손은 기둥에 묶어놓고
코에다 긴 산소 줄 쑤셔 넣었네

자네가 사랑하던 가족들도 안 보이고
흰 가운 걸친 저승사자가 내려다보고 있네
여보게 어서 눈을 크게 뜨고
입이 찢어지게 하품이라도 하며 일어나게

개신교 장로 벼슬 한 친구가
눈물 흘리며 기도 드렸네
하나님께서 난감 하실 거네

순간

긴 머리카락 3개
그녀가 다녀간 흔적이다
나는 물끄러미 바라보며
그녀 모습을 떠올려 본다

자그마한 몸집에
상냥하게 웃는 보조개 있는 여자
벌써 가야 할 시간이 되었네
그녀는 일어선다

이 순간에
그녀는 아쉬움을 남기고
나는 그리움을 다듬는다
어차피 추억 속으로
사라져갈 시간인 것을

성급한 가을바람

까만 머루 송이가
창 넘어 하늘에
여드름같이 매달려 있다

이르게 떨어진 낙엽이
서로 끌어안은 채 바람에 쫓기어
부서지고 찢어지며
후미진 도랑에 처박힌다

이따금
알 수 없는 얘기를 시끄럽게 주고 받는
산새 한 쌍이 왔다가곤
긴 하늘에
그리운 얼굴이
둥둥 떠간다
하얗게 혹은 거무스레하게

사랑이란

사랑하라
그에게서 사랑만 보아라
그리고 사랑만 보내라
사랑을 옮겨 다니지 마라
모두 떠난다
사랑을 집으로 데려오지 마라
집안에 들어오면
그리움이 사라져 미움이 싹틀 수 있다
사랑에 많은 것을 걸지 마라
물거품 같은 것이다
사랑은 그 자리에 두고
매일 설레는 마음으로 만나러 가라
그리하면 영원하리라

봄바람

봄이 와도
마음이 불안한 오늘
잔뜩 심술이 난 바람이
어제저녁 창문을 흔들고
비를 몰아치며 행패를 부렸다

자유로에서 뻗어온
전깃줄을 타고 귀신들이 몰려와
밤새 잉잉 거리며 울고
6.25 때 억울하게 죽은 무명의 병사들
해골바가지 달그락거리며
창문에 부딪히며 춤을 추었다

위로해줄 무녀도
원산 말뚝에 뿌연 막걸리 한잔 없이
앵두꽃 담벼락에 하얗게 붙여놓고
자기들끼리 한바탕
봄맞이 굿거리 하고 갔나 보다

창문가 화분에
비실비실 앓고 있던
파리한 진달래 꽃망울
지난밤 굿소리에 배시시 벌어져
문틈으로 들어오는 사늘한 바람에
바들바들 떨고 있다

* 우리나라 자유로에 귀신이 제일 많이 산다고 방송에 나왔음

농심

머리털 한 줌 뽑아
넓은 논에 모를 내었다
여름내 피를 뿌려
가을에 벼 이삭이 여물었다

한 톨 남기지 않고
자식들 뒷바라지에
해를 거듭했다
이제는 머리털 한 올 남지 않은
문어 대가리가 되었다

처음 수혜받는
사회적 보장 노인회관
논배미처럼 넓은 방에는
문어 대가리들이 모인다

몇 날 며칠을 기다려도
안부 메시지 한통 없는
낡은 휴대전화 뚜껑을

행여나 해서
하루에 몇 번씩 여닫는다

이제
남은 한 방울의 땀
복중 뜨거운 햇볕에
견디지 못하면
흔적도 없이 멈추어 버릴 숨소리

단잠

온종일 뛰어놀다
잠자리에 들 때면 밤이 무서워
할머니 가슴을 더듬어
배꼽까지 늘어진 젖꼭지를
손가락에 꼭 감아쥐고
잠자리에 들곤 했다

팔베개 해주신 할머니는
내 가슴 투덕투덕하며
앞니 빠진 달강새처럼
자장가를 흥얼거리시곤 했다

실컷 자고 눈을 떠보면
할머니는 밭에 나가 일하시고
눈부신 창가에
참새들이 까만 그림자 펄럭이며
짹짹거리고 있었다

기상관측 시작 100년 만의 더위

오후 한 시 반
태양이 꼼짝 않고 멈추어
뿌리를 깊게 내려
땅속까지 굽고 있다

빗물 고인 웅덩이엔
송사리가 배를 뒤집고
눈이 허옇게 부어 죽었다
어린 개구리가 들어갔다가
소스라쳐 뛰쳐나온다

더위 먹은 고라니가
흐느적거리고
참나무 그늘에 낮잠 자는
늙은 농부의 이마에
왕파리도 늘어졌다

태양은 늦게야
불가마를 거두어 돌아갔지만
땅속의 뿌리는 그대로 남아
오늘 밤도 푹푹 삶는다

고려장

흐린 하늘을 푹 눌러 쓴
회색 담장의 요양원

명절 차례 지내고 성묘 끝난 뒤
식구들 점심 식사 후
마지막으로 찾아오는 이곳
늙은 아버지가 넋 놓고 앉아 있다
자식들 며느리 손자 손녀들
인사하고 잠시 담소 나누고 서둘러
아버지 건강 조심하고 잘 있으라고 잔소리 늘어놓고 일어선다
가지고 온 음식도 마음대로 못하고 관리인에게 맡긴다
저승길 노잣돈 보태듯 몇 푼 내놓고는
왔던 길로 돌아간다 아버지는 다시 못 가볼
저 길로 사라져 간다

한평생 자식들 먹여 기르느라 말 갈 길 소 갈 길
불알에서 요령 소리 울리도록 뛰어다니던 길
영이와 첫사랑을 나누던 길
희망을 품고 인생을 깔아놓았던 수많은 길이

이제는 하얗게 지워진 백지 위에
주치 의사의 까만 청진기만 웅크리고 있다.

발을 나란히 내밀고 무릎을 구부려
팔을 뒤로 받치고 앞으로 엉덩이를 끌며
어두운 현관으로 나왔다. 가끔 꿈속에
회색 담장 하늘 귀퉁이를 들치고
파랑새가 드나드는 길을 보았다
나도 언젠가 지치고 무거운 육신을 편히 뉘이고
그 길로 홀가분하게 떠나야 할 텐데
오늘은 그 길도 보이지 않고 그 너머로
까맣게 까맣게
막혀 있다

고라니 · 1

임진강 변
소름 끼치도록 어두운 밤
새끼가 올가미에 걸려
어미를 바라보며 울며 죽어갔다
뜬눈으로 밤을 새운 어미는
늘 다니던 길로
정신 나간 듯 가고 있다

힘 있는 자들이
길을 없애고 밭을 만들어
씨를 뿌리고
울타리하고
새 먹이에 독을 타 뿌리고
덫을 놓느라 분주하다

분노를 삼키고 멈춰 서서
초점 잃은 눈으로
시름없이 바라보던 어미
체념하고 돌아서며
시—발—놈들

4부

강가의 여인

나는 뜨거워진 가슴을 풀어헤치고
강으로 달려가
돌멩이로 강물을 마구 때렸지
하얗고 탐스러운 보름달이
물속에 잠들어 있다가
돌을 맞고 허우적거리고 있었지

지금 이 순간에도
저 건너 강둑엔 그녀가 서 있었지

고향

고향에는 순이가
하얀 치맛자락 펄럭이며
산마루에 서서
노래 부른다네

노랫소리 듣고 싶어
고향으로 간다네
야윈 몸으로 고향에 가면
할머니가 된 그녀에게
노래 불러주려네

할미꽃에 앉아
흰 나비
춤추는 곳에

강가의 여인

우리는 나란히 강가를 거닐며
따듯한 손을 마주잡고
도란도란 이야기 주고 받았지
그리고 뜨거운 포옹을 할 때쯤이면
그녀는 저 건너 강둑에 가 있었지

어제도 그랬고
오늘도 그랬지

강둑에 있는 아름다운 코스모스를
된서리가 잔인하게 푹 삶아 내던 날
나는 마침내 분노했지
분풀이하듯 술잔을 마구 메치고
주눅 들어있는 안주접시를 들고
귀신 잡밥 먹듯 했지

나는 뜨거워진 가슴을 풀어헤치고
강으로 달려가
돌멩이로 강물을 마구 때렸지
하얗고 탐스러운 보름달이

물속에 잠들어 있다가
돌을 맞고 허우적거리고 있었지

지금 이 순간에도
저 건너 강둑엔 그녀가 서 있었지

김

파주 우체국에 가면
정문 맞은편에
광천 김을 쌓아놓았다
나는 일 다 보고 나면
으레 광천 김을 사온다

나는 여러 가지 반찬을
좋아하지 않는다
광천 김이 맛있어
매일 광천 김만 먹는다

오늘은 파주 우체국에
광천 김이 안 보이고
양반 김이 놓여 있다
나는 망설망설하다
양반 김을 사왔다
양반 김이 훨씬 더 맛있다

나는 양반 김을 먹다가
아내를 물끄러미 쳐다보며 광천 김

앞집 예쁜 봉천 댁은 양반 김
엉뚱한 상상에 골똘해졌는데
아내가 내 어깨를 탁 치며
내가 그렇게 좋아 넋 놓고 쳐다보게
빙그레 웃는다
나는 가슴이 철렁해서
그럼 하고 계면쩍게 따라 웃었다
그러나 묘한 상상은 그치지 않는다

구두

늦가을 땅거미 내리면
동구 밖 잔솔밭에 승냥이가 와서 울곤 했다
달빛 어슬렁이는 밤이면
할아버지께서 짚신을 삼아 주셨다

눈 위에 산돼지 발자국 비틀거린 지독히 추운 날
설빔으로 까만 고무신을 사다 신기고
삼촌은 흰 고무신을 빨아 신고 성묘를 다녀왔다

중학교 가기 전날 검은 광목으로 만든 운동화를
머리맡에 놓고 자다가 일어나서 신어보곤 했다
운동장에 농구화를 신고 와서 자랑하는 친구도 있었다

통일화를 신고 도요타 트럭 시다마리를 기고
행사 때나 휴가 때만 신는 군화를 정돈해 놓고
매일같이 열나게 닦았다

선보러 가던 날 단화라는 검은 구두를 만났다
첫 애 낳던 해 이후론 시도 때도 없이
각양각색의 구두들이 쏟아져 나왔다

꽃

그대가 너무 예뻐
눈에 넣어 가리다
나가지 못하게 두 눈 꼭 감고
지팡이 더듬으며 집으로 가리다

집안에 들어가
문마다 꼭꼭 잠그고
날이 저물면
머리에 이불 쓰고 누우리다

아침 해가 눈부시게 창문을 태우고
바람이 야차처럼 문을 두드려도
꼭 감은 눈
영원히 뜨지 않으리다

몸살

뚝빽골 여우가
못마땅했는데
이제 남은 기억은
여우만 남았다.

찬바람에
언 담배냄새가
코끝에 맴돌고 있음이
몸살 나려는 예고였다

자리에 누웠을 땐
나의 몸은 불덩이였고
밤새 허우적거리며
여우를 불러댔다

약 한 봉지로
아픈 밤 까맣게 잊고
아침을 맞았을 때
어젯밤 헛소리

아침 해가 모르고
환하게 웃어 다행이다

꿈

열린 음악회를 보다
실잠 사르르 눈이 감겼다
어두운 TV 방청석에서
그녀가 반갑게 웃으며 내 손을 잡았다
나는 짐칫 놀라 눈을 떴다

그 모습
눈앞에 잠시
엷은 꿈결에 살아 있다

오
나는 상처를 만들고 있다
어느새 목에 감기어
온몸이 욱신거리고 있다

문경새재

산짐승과 어울려
넘어가던 오솔길
신작로로 훤히 바뀌어도
종알종알 냇물은 흐른다
과거 길 오가던 선비들
펄럭이던 도포자락 옛 말인데
바람은 변함없이 불어
산자락에 펼쳐놓은
옛님의 연분홍 치맛자락을
한사코 흔든다

세월도 길이 막혀

오후가 저무는 어느 날
나는 오랜만에 취해봤지
껄렁한 여자와 어느 노래방에서
18번이 서로 같다며 합창도 했지
밤이 깊어지자 여자는 자러 가자는 거야
나는 술김에 좋다고 눈을 게슴츠레 뜨고
여자의 거북스런 팔짱에 매달려
가자는 데로 가 보았지
아니 글쎄 골드스파 찜질방이잖아
나는 그날 밤 여자의 코 고는 소리에
밤새 악몽에 시달렸지

기분이 별로였던 날
관광버스 술 파트너였던 여자와
전철역에서 마주친 거야
나는 시큰둥한 인사를 했지
커피숍에서 커다란 종이컵에
거품이 부글거리는 아메리칸인가 뭔가를
빨대까지 꽂아 마주 놓고
지루하도록 마셨지

종이컵에 묻혀놓고 간 입술 자국이
푸줏간 돼지고기에 찍혀 있는
퍼런 검사도장 같았어

옛날을 생각해보니
오늘이 서글퍼지는 거야
그때엔 소쪽새도 많아서 자주 울었지
아가씨가 예뻐서 소쪽 새가
저렇게 따라다니며 우는 거야 했더니
생긋 웃으며 내 젖꼭지를 살짝 꼬집어주던
동백이라 불리던 그녀
도톰한 아랫입술에 시나리오를 쓰고 싶었던
달밤이면 더 예뻐 보였던 그녀
빨간 립스틱 묻어있는 위스키 잔엔
찰랑찰랑 초승달이 가라앉아 있었지
세월이 너무 많이 쌓여서 길이 막혀
미칠 듯이 보고 싶어도 다시는 못 올 거야
달밤의 요정 동백아 밤새워 울던 소쪽새야

불면증

밤마다
내 집에 찾아와
선녀처럼 황홀한 춤을 추는
영희의 모습이
눈앞에 왔다 가곤 한다

오늘 밤도
영희를 만나야 하는데
잠을 자야 만나는데
잠이 오지 않아 뒤척이는데
수탉이 홰치며 운다

아침

달빛에
하얀 밤새운
어제의 눈물이
쏟아지는 햇빛에
방울방울 구르다
풀밭에 잦아드네

햇살 가득
뿌려놓은 풀밭엔
가끔 싱겁게
이리저리 오가는 바람
풀잎을 눕히며
은밀한 속살 엿보이네

풀잎 아래
잠자던 지렁이
알몸 보일까 굴속으로
급히 들어가는데
훔쳐본 먹저구리
왕방울 눈 볼록 솟아오르네

인연

큰칼로 낙지를
탕탕 쳐서
도마 위에 아우성이던
낙지다리가
입가에 매달린다

술 한 잔에 은빛 광어살
네 입에 한 점
정이 넘어가고
내 입에 한 점
미련이 눕는다

인연을 매듭지어
창가에 기웃거리는
돛단배에
얹어 보내고
내세에 풀어보리

외로움

외로움도 배워야 안다
슬픔이 그냥 스치듯
외로움은 스치는 것이 아니라
곱씹어야 맛을 느낀단다

벌판에 혼자 있다고
외로움인 줄 알았는데
주위에 아무도 없을 뿐
외로움이 아니란다

서럽게 고향을 떠날 때
태연한 듯 호탕하게 웃어 봤지만
저승 문 앞에 혼자 버려진 듯 무서워
눈물이 하염없이 흘러내렸지

나는 이때 외로움을 배웠다
외로움은 떠나가는 나를
뒤에서 꼭 껴안고 놓아주지 않던
고향의 포근한 품이 생각날 때였지

첫눈 내리던 날

가을의 흔적을 지우다
밤새 운 눈물에 녹아
질퍽한 새벽길을 밟고
나는 그녀 곁을 떠났네

부모님 모르게 따라오려고
거지 고개 넘어 점 잘 본다는
조그만 암자를 찾았더니
청상과부에 역마살이라

불빛 시들어가는 포장마차에서
이별의 술잔을 주고받으니
울면서 뜨거운 입술로
가슴속에 슬픔만 두들겼네

그녀는 돌아서고 눈 멎은 하늘에
드문드문 새나온 별들이
허물어진 내 뒷모습을
쓸쓸하게 내려다보고 있었네

크리스마스

언젠가
교회에 간다던 그녀는
가지 않고 내 옆에
온종일 같이 있었다
나는 하나님보다
내가 더 좋은 줄 알았다

지독히 추운 날
크리스마스가 되자
그녀는 온종일 코빼기는커녕
음성메시지 한통 없다
오늘은 하나님이
나보다 더 좋아졌나 보다

오늘 같은 날엔
산타클로스 선물도 아니고
재미있는 T.V도 아니고
맛있는 음식도 아니다
하나님한테서
그녀를 찾아왔으면 좋겠다

한나

올 설에 네 살 된 손녀
칭얼대며 보채자
에미가 쵸코 비스켓 하나만 먹으라고 했다
다 먹고 아쉬워 바라보고 있다

내가 웃으면서
하나 더 먹으라고 했다
엄마가 하나만 먹으랬는데
오-그랬구나
이건 할아버지가 주는것이니 괜찮다
눈을 깜박이며 고개를 갸우뚱 하더니
내 무릎에 앉아 발을 배비작거리며 먹었다
입가에 초크렛이 온통 범벅이다
나는 휴지를 꺼내서
입을 닦아주고 책상 위에 올려놓았다

에미가 들어오더니
더러운 휴지를 이런데 두지 말라고 햇다
깨끗하니 한 번 더 씻기려고 두었지
손녀가 에미와 내 얼굴을 번갈아 쳐다보며

귀를 쫑긋하고 듣더니
냉큼 일어나
쓰레기통에 휴지를 쏙 집어넣고
쌩긋 웃으며 거실로 뛰어나갔다

혼자 사는 여자

너무 똑똑해서
바보 같은 그녀
싹둑싹둑 시간을 재단해서
하루를 자투리 하나 없이 보내고
집에 와 열쇠 달그락 현관문을 연다

쥐죽은 듯 적막한 10시 30분
저녁상 대신 컴퓨터 앞에 앉는다
유학간 아들한테서 메일이 와있다
엄마 생신 축하드려요 L, A에서 아들

오늘이 잊고 있던 그녀 생일
작년에 세상 떠난 친정엄마
구수한 미역국 생각에
눈시울 촉촉해진다
엄마가 남겨 두고 간 난초를
물끄러미 바라본다

달빛 외롭게 놀러 온
고요한 베란다에는

딸의 생일날이라 찾아와
창가에 온종일 기웃거리다 돌아간
친정엄마의 눈물이
난초 잎에 방울방울 남아 있다

핸드폰

백두산에 간 그녀가
그곳 영물인 호랑이 등에 올라
한기 서린 시베리아로 떠나버릴까
근심하면서
아내 산소에 풀을 깎았다

어제는 태풍 콤파스가 비를 몰고 왔다
풍년이면 그녀와 유럽여행 하려는데
농사 망칠까 밤잠 설치고
아내가 좋아했던 국화 한 송이 못 가져왔다

그녀에게서
내일 온다고 연락이 왔다
나는 너무 반가워서 큰소리로
공항으로 마중 갈게 하고는
아내 산소를 계면쩍게 바라보았다

향불 연기 오락가락하고
말끔하게 벌초한 산소
소나무에 앉았던 산새가 울며 날아올라
하늘 깊은 곳에 까만 점을 찍는다

5부

노숙자

이 순간 지하역에 있는 노숙자는
추위도 배고픔도 이기지 못해
하얀 입김이 성회가 되어
가슴속까지 파고들었다
숨도 멈추고 눈동자도 멎었다

검정개들의 군가 소리만 울려 퍼진다

| 임 · 진 · 강 / 노 · 숙 · 자 |

피

가을이 되면
피땀 흘린 벼논에
먼저 고개 내미는
너는 어찌 사람 닮았니

누나 치마폭에 숨어서
천둥 · 번개 피한 뒤
언제 그랬냐는 듯
고개 휘두르며 잘난체하는
사람을 닮았니

벼 사이에 숨어서
벼인 척 자라나
변비 걸린 똥 대가리 모양
머리도 탐스럽니

노숙자

서울역 지하역에는
노숙자가 추위에 떤다
경제가 잘 돌아가고 국민소득이 올라도
노숙자가 누운 곳엔 보일러가 없다

지상으로 올라가는 계단 위에는
검정개들이 모여든다
노숙자를 위한다 외치며
누런 이빨을 드러내고 죽도록 싸운다

검정개들은
노숙자는 알지 못하고 알 필요도 없다
이름만 알면 된다
자기들 싸우는 구호로 쓴다

이제 노숙자 이름이 군가다
검정개들은 자기들 패거리가 이기려고
싸움을 시작하면
으레 군가를 부른다

이 순간 지하역에 있는 노숙자는
추위도 배고픔도 이기지 못해
하얀 입김이 성에가 되어
가슴속까지 파고들었다
숨도 멈추고 눈동자도 멎었다

검정개들의 군가 소리만 울려 퍼진다

휴게실

열차가 잠시 쉬러왔다
사내놈들 몰려와 소변기 앞에 늘어선다
일사불란하게 똑같은 자세로
똑같은 느낌을 공유하면서
모두 만족한 미소 짓고 버티고 서 있다
은밀한 공간에서의 시원함이다

오줌발 센 놈은 먼저 나가고
시원치 못한 놈은 한동안 머뭇거리다
꾸부리고 들여다보며 꾸물댄다
옆 사람을 흘금 흘금 쳐다보다가
변기 박으로 잔뇨를 찔끔거린다

청소 아줌마 부지런히 다가온다
걸레로 한쪽 다리를 툭툭 친다
일도 마무리 못하고 다리를 들었다
사타구니 안쪽을 문지르더니
이번에는 반대편 다리를 또 툭툭 친다
하라는 대로 얼른 다리를 바꾸어 들었다

그제야 자루가 긴 걸레를
옆 사람한테로 밀고 간다
한숨 돌리고 어기적거리고 나가는데
아래가 너무 시원해 내려다보니
청소 아줌마 등살에 정신없이 서두르다
강추위에 놈이 탱탱하게 얼었다

죽집

아침 일찍
내시경 검사를 하고 오다
속을 풀 겸 죽집에 들렀다
일찍이라서 주인 내외가
장사 준비에 바쁘다

안주인은 깔끔하고 예쁜데
바깥주인은 좀 꺼벙하다
여자는 남자를 좀 허름하게 골랐구나
남자는 올인한 거지 예쁜데다 돈까지 벌고

남자가 주문받으러 왔다
나는 차림표를 보다가
맨 위에 있는 전복죽을 보자
문득 아내가 생각났다
아내가 누워있을 때
여기서 전복죽을 자주 주문해 가곤 했다
아내가 떠나자 죽집에 가지 않았다
그 앞을 지나면 아내 생각에 눈물이 나와
멀리 돌아서 가곤 했다

어느 때부터인가
여자 친구를 데리고도 드나들었다
아내 일은 까맣게 잊고 있었다
이젠 더듬어야 떠 오른다
세월이란 기억을
먼 곳으로 쫓아내고 있다

태풍

16호 태풍 산바는 누구 닮아
이리도 심술의 극치인가
봄 여름 겨울 다 놓아두고
하필이면 다 자란 곡식 여무는
가을인가

3호 정은이도 비슷하다
나라 경제 못 키워내고
심술만 키워서
이웃에 눈총만 사고
안으로는 모두 굶겨 죽인다

16호는
가두리 양식장 시설 원예농업
잘 익어가는 수확기의 과수원
모두 할퀴고 찢으며 북으로 간다
3호 하고 배가 잘 맞아서
의형제 맺으러 가는가

살촉에게 묻다

후두두둑
소나기 쏟아진다
과녁에 꽂히고 떨어지는 살촉
우리의 기상과 영혼을 싣고
중원을 누비며 힘차게 솟구치던
예리하고 날카로운 화살
잠시 깨어나 여기에 쏟아진다

총알에 자리를 내주고
역사의 뒤안길에서
지루함에 숨 막히던 살촉
이곳 영집 궁시 박물관에서
지난날의 용맹과 영화를
되돌아 본다

긴 세월
민족의 애환과 운명을 함께하며
바람을 쪼개던 쏜 살
그리움과 향수를 안고
시위를 떠나 어디로 갈 것인가
살촉에게 묻다

빛바랜 친구

가물가물해진 옛날
이름은 생각 안 나고 별명은 윤 사기다

속지 않으려 정신을 바짝 차려도
헤어지고 보면 또 속았다

그 친구는 꿈에 만나도 속는다
그림자를 밟아도 속는다는

별명도 잊혀질 무렵 어느 날
그에게서 전화가 왔다

미국에서 귀국해 서울에 사무실을 열었으니
자주 만나자고 했다

나는 사업도 못하고 노후 준비도 안 돼서
자식들에게 의지해 겨우 지낸다고 했다

그 후론 전화가 오지 않았다
이번엔 내가 속지 않은 걸까

얼마 후 꼼꼼하기로 이름났던 친구에게서
윤 사기를 극구 칭찬하는 전화가 왔었다

부질없는 하루

머루 잎에 바람이 스친다
반쯤 익은 머루송이에
햇살이 너울춤 추며
잠시 다녀간 뒤
머루알이 해맑다

날아가는 매미
엷은 날개 사이로
파란 하늘이 펄럭인다
심술궂은 산새 내려와
머루알 쪼아내어
흑진주의 꿈을 깨버린다

머루알 떨어진 자리엔
하얀 새똥이
팝콘처럼 부풀어 있다가
쪼그리고 앉아있는
할머니 머리 위에 내려앉는다

낙엽이고 싶다

초겨울
너의 바람막이로
남아 있기 힘들다
씨눈 감싸려고
힘겹게 매달려
바들바들 떨고 싶지 않다
나 이제 넓은 하늘 위로 날아올라
바람을 만나면 여행을 떠나고
비를 만나면 목을 축이다
별빛 흐르는
골짜기에 내려앉아
한 무리 법석이는
낙엽이 되고 싶다

복수

할아버지와 손자가 목욕하러 왔다
할아버지가 손자를 꼭 붙잡고
이태리 타올로 등을 밀어준다
손자의 몸이 빨갛게 핏발이 선다
손자는 아파 죽는다고 소리 지르다
데굴데굴 구른다

할아버지는 손자를 꼭 붙잡고
무지막지하게 씻겼다
이번엔 손자에게 등을 밀라고 한다
할아버지 등을 한번 문지르고
돌아다니며 기웃거리고
또 한 번 문지르고는 털썩 주저앉아
물장난에 정신이 없다

할아버지가 씻겨줄 때 어땠어
어유 되게 아팠어
그러니 이번에 복수하란 말이야
복수소리를 듣자 손자 녀석

할아버지 등이 아니라
복수의 껍질을 벗긴다

그래도 분이 안 풀려 옷장 열쇠로
할아버지 등을 마구 긁으며
복수 복수 외친다
손자의 눈에는 악마의 빛이 번득이고
할아버지 등에서 피가 흐른다

변산반도

지난겨울에 왔다가
사고 때문에
눈 덮인 내소사(來蘇寺) 구경도 못하고
빈 가슴에
하얀 눈만 한 아름 안고 가서
장독 위에 소복이 쌓아 놓았더니
사흘 밤낮 바람 불어
흔적도 없이 사라졌다

아쉬워
올겨울 다시 찾았더니
내소사(來蘇寺)는 만났는데
기다리던 눈은 오지 않고
찬바람만 귓가에 사납다

채석강에 홀로 앉아
잠자려는 바다를 건너다보니
수평선 넘어가는 해도
힘들고 외로웠던지
내뿜는 붉은 한숨

예까지 불어와
허전한 마음 빨갛게 물들인다

댕기머리

밤나무 밑으로 다니는
순이의 빨간 댕기머리를
밤송이가 슬쩍슬쩍 잡아당기면
순이는 눈을 흘기며 피해 간다
그 모습이 재미있어
짓궂게 나뭇가지를 늘어뜨린다

노을이 밤나무를
빨갛게 물들이던 날
댕기머리를 당기며 웃다가
나뭇가지에 댕기가 걸려
순이가 머리를 흔들자
밤톨이 우수수 빠져나왔다

땅 위의 캄캄한 밤은
너무 무서운 밤이었다
산돼지가 짓밟고
질겅질겅 씹다 가버리면
고라니가 냄새를 맡다
콩알 같은 똥을 쏟아놓는다

족제비가 오줌을 싸면
고양이가 서슬이 시퍼레 쫓아온다
다람쥐의 입속에
가득 넣어가고 나서야 먼동이 튼다

이슬 채 마르지 않은 아침
순이가 손에
발간 밤톨 한줌 주워들고
활짝 웃고 있다

강 노인의 졸업

임진강 옆 골짜기에
늙은 농부의 힘겨운 기침 소리
컹컹거리며 경운기가 온다
탈모로 훤해진 강 노인의 머릿속을 닮아
밤나무 수너미는 죽어서 텅 비었고
나뭇가지가 땅에 닿을 듯 처진 굵은 밤나무 밑에서
경운기 소리는 숨을 거둔다
팔십 줄의 강씨 노인이 내려온다
마누라는 아이스박스를 들고 따라 내린다

두 사람은 반세기가 넘도록
밤나무 밑에서 도란도란 얘기하며
커피도 마시고 새참도 먹으며
지친 몸을 쉬었다
오후 네 시 반이면 어김없이 경운기를 살려서
한 시간 반이나 걸리는 퇴근길을 떠난다

벼가 누렇게 익었을 때
내가 콤바인으로 벼 수확을 해주었다
노인은 고맙다고 하면서

매년 적자 보는 농사지만
자기는 여기에 오는 것이 낙이라고 했다
그런데 아들놈이 내 집하고 이 땅을 팔아가고
우리를 며느리가 편히 모시겠다고 했단다
나는 요즘 세상에 보기 드문 효자라고 위로했다

얼마 후 강 노인 경운기가 밤나무 밑에 왔다
나는 궁금하기도 하고 반가워서 내려갔다
강 노인이 논가에 서 있다가 나를 보더니
밤나무 밑에 가서 커피를 권하며
내일 아들네로 간다고 했다
경운기도 새 주인이 가지러 온다고 해서
마지막으로 밤나무가 보고 싶어서 왔다고 했다
노인은 밤나무를 이리저리 둘러보며
반세기 넘게 의지하고 지냈는데
바람결에 내 부음(訃音)이 들리면 한 번쯤 울어줄까
노인의 눈가에 이슬이 맺히는 듯했다

강 노인은 내 손을 잡고 이제 마지막 인사 같다며
밤나무를 쳐다보며 얘기한다

이 나무는 영(靈)해서 올라가거나
나뭇가지는 꺾지 말라고 했다
몇 년 전 강 노인 친구가
나무에 올라 가지를 꺾다가 떨어져
허리를 크게 다쳐 일어나지 못하고
아들네 뒷방에 늙은 개처럼 누워 지내다
저승 길목에 있는 요양원엘 갔다고 한다
그 후로는 죽은 사람처럼 소식이 끊겼다고 했다

경의선

지하철 3호선 연장
반대하고 지랄하고

지하철 6호선 연장
반대하고 지랄하고

경의선 전철화
반대하고 지랄하고

모두 개통되니 시원시원하다
배탈 나서 급히 화장실 들어가
확 쏟아내듯

지랄들 하고

고라니 · 2

텅 빈 밭에 비가 쏟아진다
고운 흙은 떠내려가고
돌멩이만 엉성하게 남은 밭 한가운데
털이 듬성듬성 빠진 고라니가 서 있다
비바람 몰아칠 때마다
뒷다리가 흔들거린다

빗물이 농부의 머리를 흘러내려
눈으로 들어간다
눈이 따가워 끔벅인다
눈이 충혈되고 춥고 다리도 저리다
고라니가 쓰러지길 기다릴 뿐이다

참지 못해 고라니를 쫓는다
발이 빠져 허우적거린다
고라니는 도망을 간다
농부는 고라니야 쓰러져라 소리치며
몸만 앞으로 숙여 팔을 내젓는다

고라니는 여름내 밭을 드나들며
곡식을 다 뜯어 먹고 농부에게 분노만 샀다
만나면 쫓고 쫓겼지만
항상 고라니가 빨랐다
이젠 곡식도 없고 고라니도 병들었다

비바람 속에 마주 서 있는데
모두에게 여유가 없다
지난여름을 그렇게 지났으면서
고라니는 두려움뿐이고
농부는 미움이 영혼보다 앞서 가고
병든 몸이 영혼 뒤에 떨고 있을 뿐이다

고종사촌의 회갑

헤어진 지 수십 년 지난 후
고종사촌 회갑연에 갔다
고종사촌과 손을 마주잡고
얼굴을 쳐다보았다
깨끗한 옷을 말쑥하게 차려입었지만
세월에 부딪치고 찢기우고
겹겹이 쌓인 찌든 애환이 서려 있다

유년기 시절 장난이 심했던 고종 사촌
알밤을 주워다 화로에 묻어놓았다
할아버지께서 긴 장죽에 담뱃불을 붙이시려고
화로 불을 이리저리 휘젓자 탁 하고 밤이 튀었다

방바닥에 온통 불이 깔리고
할아버지 상투에도 불이 붙었다
할아버지 노발대발하시어
장죽으로 사촌의 머리를 내려치자
담뱃대 목이 부러져 데굴데굴 굴러간다
피를 흘리며 뛰어가 담배 골통을 집어 들고

할아버지 장난감하게 저 주세요
완고한 할아버지도 껄껄 웃으셨다

잊혀졌던 그때 일이 떠올라서
피식 웃으며 연회장 문을 나섰다
시끄러운 소음 속에
기생들의 지친 육자배기가 졸고 있다

고사

김진사네 고삿날
언년이 엉덩판보다 더 큰 시루에
김이 모락모락 올라오는 칠층 설기에다
그 앞에 돼지머리가 히죽 웃고 있다

돌을 삼켜도 소화가 될 만큼
혈기 왕성한 동네 악동들
대문 밖에 숨어 있다
귀신 들어오라고 비죽 열린 문짝을 디밀어본다
빼드드득 갈비뼈 부러지는 소리가 난다
거시기 꺼내서 문귀에 오줌을 싼다
소리 없이 문이 스르르 열린다
너희 정성이 지극하여 시루째 운감하리라
떡시루 안고 내달리고 돼지 머리 그 뒤
다음은 잡귀들이 우르르 따른다

방안에는 동치미가 준비되어 있다
이날 밤은 악동들 배 터지는 날이다
왁자지껄 동틀 무렵이면
김진사 네 대문 밖에는 빈 시루가 놓여 있다

이렇게 산귀신들 배를 채워주니
김진사 네가 부자가 되었나 보다

기억

기억이란
날아다니는 새에요
냇가에 안기도 하고
웅덩이에 물고기를 잡기도 하지요
가시밭에 오래 앉지 마요
가시에 찔린답니다

기억이란
팔랑거리는 나비예요
아지랑이 속을 거닐다가
봄이 오는 꽃밭에서 춤을 추지요
오래 머물지 마요
굳어버리면 돌이 된답니다

기억을
깊은 잠에서 깨워요
새로운 기억에
상상의 날개를 달아요
힘차게 날아오르면
잊었던 시상 떠오를 겁니다

《작품 해설》

임진강, 삶의 현장에서 가꾸는 시심

문학평론가 리 헌 석
(사)문학사랑협의회 이사장

1. 임진강의 시인에 대하여

황의진 시인의 삶은 우리 시대 소시민의 억울한 자화상이다. 자신의 의지와는 무관하게 역사의 피해자가 되어 절망적 삶을 영위하면서도, 그는 자신을 꿋꿋하게 지켜낸 의식 높은 시인이다. 민족의 비극인 '김일성 남침 전쟁'으로 인해 그는 고아가 된다. 1.4후퇴 때에 부친은 북으로 납치되었고, 그 와중에 어머니도 행방불명이 되었으며, 여동생이 있었으나 피난길에 헤어져 혈혈단신(孑孑單身)이 된다.

황의진은 임진강의 시인이다. 그는 임진강 상류에서 태어나 6.25와 함께 온갖 고난을 겪는다. 특히 납북된 아버지로 인한 연좌제(連坐制) 때문에 사회생활에서도 여러 제약을 받는다. 군(軍) 복무를 마친 후 고향에 정착하게 되고, 이를 계기로 접적(接敵) 지역에서 농사를 지으며 평생을 보낸다. 임진강 유역에서 자연과 함께 사는 것을 숙명으로 인식한 그는 9년 연하의 여성과 결혼을 한다. 농촌 생활이 고단하였지만 자녀를 잘 양육하여 장녀가 의과대학에 합격하여 최상의 기쁨을 나눈다. 호사다마(好事多魔)랄까, 운명의 신이 그들을 시기하였는지, 그의 아내가 '간경화'로 별세하는 아픔을 겪는다.

벽차오르는 심리적 충격으로 한때 방황하기도 하였지만, 문학 작품을 창작함으로써 어느 정도 위안을 받는다. 여러 작품을 빚어 인터넷 동호회 '대한사이버문학회' '카페'에 발표를 하며 열정을 보인다. 좋은 작품을 빚어 등단을 하고 시집을 발간하기에 이른다. 그의 삶은 사회적 역풍으로 인해 감내할 수 없는 고통을 겪었으나, 사회에 대한 그의 시각은 따뜻하고 정의롭다.

지하철 3호선 연장
반대하고 지랄하고

지하철 6호선 연장
반대하고 지랄하고

경의선 전철화
반대하고 지랄하고

모두 개통되니 시원시원하다
배탈 나서 급히 화장실 들어가
확 쏟아내듯

지랄들 하고

—「경의선」 전문

함부로 법석을 떨거나 분별없이 막 하는 짓을 나타내는 비속어 '지랄하고'를 4회 반복하여 자신의 뜻을 분명하게 전달한다. 이 작품은 제재도 독특하지만, 시적 구조가 개성적이어서 독자들도 '시원시원하게' 공감할 것 같다. 1연에서 3연까지는 단순한 반복의 효과가 빛난다. 경의선은 '대한민국'과 '북조선'으로 양단(兩斷)되어 있는 국토를 잇는 대동맥으로서의 의미를 띤다. 이를 연결하는 것은 남과 북이 소통하는 일이며, 갈라진 겨레가 서로 오가며 동질성을 찾을 수 있는 통로를 여는 일이다.

그러함에도 일부 시민과 단체들은 경의선을 잇는 것조차 반대하고 나선다. 특히 경의선을 전철화하는 것은 시민의 편익 증대를 도모하는 것이고, 그 상징성으로 인해 경제적 부담감을 상쇄할 수 있다. 우여곡절이 있었지만 민족의 미래를 위한 대사(大事)여서 경의선은 개통이 되고, 그 주변 임진강 가에서 농사짓고 사는 시인은 마음까지도 시원하다. 마지막 5연의 1행은 앞의 여러 변수를 하나로 묶어 비판하는 극적 효과를 거둔다.

이런 바탕에서 사회에 대한 정의로운 비판, 아내의 영면(永眠)에 따른 애상적인 정서의 폭발, 그러면서도 황의진 시인은 다시금 세상을 따뜻한 마음으로 끌어안는 내면을 작품으로 빚는다. 필자는 이러한 그의 작품들을 독자보다 조금 먼저 읽으면서 그 정서에 공감하여 여러 번 눈물을 씻어야 했다.

2. 겨레의 애환을 노래하다

황의진 시인은 어려서부터 민족 애환의 중심에 휩싸여 산다. 형언할 수 없는 고통이 따랐을 것이고, 그 고통으로 인해 절망 또한 컸을 것은 명약관화(明若觀火)하다. 그렇지만, 견고한 내면을 소유한 그에게 있어, 고통이 크면 클수록 그의 투지(鬪志)는 더욱 형형하게 살아난다.

그의 생활 터전은 임진강 유역이다. 특히 민간인을 통제하는 '민통선' 안에서 농사를 짓고 산다. 그래서 그는 자신의 일상을 이렇게 형상화한다. 〈나는 젊음이 다 기울도록/ 임진강을 넘나들며 농사를 지었다/ 아침에 건너가며 희망을 펼치고/ 저녁에 건너오며 지친 땀방울을 뿌렸다〉고 노래한다. 그는 군(軍) 초소를 지나 임진강을 건너고, 민통선을 지나 농사를 지으러 다닌다. 하루 종일 일을 한 다음에는 다시 민통선을 나와야 하고, 다시 임진강을 건너고 초소를 지나 귀가한다. 이러한 생활을 숙명처럼 평생 반복한다.

임진강을 건너 밭을 갈 때는 '전진교'를 통과한다. 거의 매일 조석(朝夕)으로 건너는 이 다리는 적과 마주하고 있어 밤에도 불을 밝히지 않아 캄캄하다. 그래서 시인은 이 다리에도 환하게 불을 밝힐 수 있는 통일의 그 날을 염원한다. 그러나 최근에는 다리 양 끝과 다리 난간 한쪽에 희미한 불을 켜 놓아 통행에는 지장을 받지 않을 정도지만, 적으로부터 보호받기 위해 아직도 캄캄한 다리다.

전진교에는
지축을 흔드는 전차 소리
초병들의 우렁찬 구령 소리
임진강 얼음 위에 잠이 든다

철새떼
날개깃에 머리 묻고
죽은 듯이 앉았는데
찌푸린 하늘에
눈발은 날려 날려
차디찬 바람 귀밑을 스친다

별빛도 잠들고
새까만 밤 깊어도
불빛 없는 전진교
가로등 환히 밝혀질 날
기다리고 기다린다

—「전진교」 전문

시인에게 있어 임진강은 삶을 위해 건너다녀야 하는 존재다. 그래서 임진강은 그가 감내할 수 없을 정도로 가슴 아픈 사연의 발원지로 기능한다. 〈1.4 후퇴하던 해/ 폭격에 끊긴 독개다리에서/ 배고파 우는 동생을 세워두고/ 여기서 기다리면/ 먹을 것 구해올게 하고는/ 다신 못 만났다〉는 눈물어린 곳이다. 그래서 시인에게는 〈지금도/ 누이동생의 마지막 모습이/ 적벽을 넘지 못하고/ 푸른 물 위에 맴돌고 있다〉고 울먹인다. 그는 〈많은 세월 동안/ 임진강물은 내려다보지 못하고/ 가로지른 4차선의 다리 저쪽/ 적벽만 바라보며 숨 가쁘게 다녔다/ 이제야 다리

밑으로/ 눈물이 흐르고 있음을 알았다〉고 실토한다.

이렇게 열심히 살았지만, 그에게 돌아온 것은 농민으로서의 애환이다. 이러한 애환은 자신에 머물지 않고 친구의 삶에도 적용된다. 〈임진강 민통선 옆에 자리 잡은 작은 농장〉을 경영하는 친구에게 '구제역'이라는 바이러스가 찾아와 그 친구는 〈천직으로 알고 기르던 소를 땅에 묻어야 했다〉고 토로한다. 어미 소를 백 마리로 늘리고 〈꿈의 동산에 요양원을 짓겠다는 소박한 꿈〉을 펼치던 그 친구는 육십 평생을 급행열차처럼 달려왔지만, 이제 〈문산역을 지나서/ 구제역에 영원히 머물〉 수밖에 없는 입장이다. 지리적 '문산역'의 '역(驛)'과 가축질환의 하나인 '구제역'의 '역(疫)'의 음성상징을 통해 운명적 시련을 극대화하고 있다. 이러한 아픔은 자연재해와 국제 무역을 통해서도 이루어진다.

황사는 봄이면 가끔 찾아온다
황사가 오면 마음이 언짢다
맑은 마음도 초롱초롱하던 눈동자도
희뿌옇게 덮어온다

황사는 무섭고 슬펐던
한국전쟁을 생각나게 한다
말 탄 중공군과 미군 폭격기
아우성치던 피난민들
즐비하게 누운 시체들
그때 부모와 하나밖에 없는 여동생
이웃들 아름다운 추억도 모두 사라졌다
남북통일도 멀어졌다

중공군 때문이었다

황사는 바로 중공에서 온다
농작물은 누렇게 병들고
빨랫줄에 옷들도 걷어야 하고
일광욕하던 장독도 덮어야 한다
뒤이어 값싼 농산물이 몰려온다
농사꾼이 된 나를 또 괴롭게 한다

―「황사」 전문

6.25라는 '김일성 침략전쟁'이 일어나 대구지역까지 후퇴하였지만, UN군의 도움을 받아 우리 국군은 압록강까지 전진한다. 그러다 중공군의 기습으로 1.4후퇴를 할 수밖에 없게 되고, 이로 인해 시인의 가정은 풍비박산(風飛雹散)이 된다. 그 아픔을 가슴에 담고 살면서, 언젠가는 흩어진 가족을 만날 수 있으리라는 희망을 갖는다. 이런 때에 '통일대교'가 건설되고, 현대그룹 정주영 회장이 소떼를 몰고 북으로 건너가는 일을 목격한다. 그러나 〈새로 고친 자유의 다리로/ 납북된 포로들이 일부 돌아왔지만/ 아버지는 끝내 소식이 없었다〉고 절망한다.

소떼를 몰고 휴전선을 지나는 것은 나라가 들썩일 정도로 장쾌한 일이었지만, 시인 개인적으로 수용하기 힘든 일이다. 〈아이러니하게도 꽃다운 청년들을 납치해서/ 무참히 잘 죽여줬다고 북괴들에게/ 고마워서 소까지 끌어다 주는 모양〉이라고 억하심정(抑何心情)이 되기도 한다. 특히 〈임진강 건너엔/ 억울하게 죽은 사람 위에/ 살인자들이 여전히 당당하다〉면서 조국분단의 현실을 직시하기도 한다. 이렇듯이 시인은 임진강을 기반으로 생활하면서, 겨레의 애환을 직접 목격하였기 때문에 가슴 시리도록 절절한 작품을 빚는다.

3. 아내는 그리움이다

어려서 홀로 된 황의진 시인에게 가정을 꾸리는 일은 '꿈의 원천'이었을 것 같다. 행복을 꿈꾸며 결혼을 하고, 자녀를 낳아 양육하는 것으로 온갖 고난을 극복하였을 터이다. 그리하여 조국 분단의 현장에서 농사를 지으며 살지라도, 그는 크고 작은 행복 속에서 산다. 그런 그에게 청천벽력(靑天霹靂)이 일어난다. 아내와의 사별이다.

그의 아내는 결혼 당시 〈스무 살 된 허약해 보이는 새댁〉이었고, 이 새댁이 이동슈퍼 봉고차 앞에 〈만삭인 몸으로 다가가 / 20원짜리 호박잎 한 묶음〉을 사서 저녁 반찬을 하던 사람이다. 그러다가 〈농장 생활이 너무 힘겨워/ 옛 이야기하며 여행 한번 못 가고/ 어린 자식들 눈에 넣은 채/ 노을 붉게 물든 선산〉으로 떠난 사람이다. 그런 아내가 그리워 시인은 눈물로 세월을 보낸다. 〈텅 빈 농장 한편에/ 어린 아내가 먹고 싶었다고/ 나를 위로했던 호박잎에는/ 항상/ 이슬이 많이 고여 있다〉고 한 작품 「호박잎」에서 그의 가슴에 고였을 '이슬'을 연상할 수 있다.

아내의 별세 1주기를 맞아 그는 〈당신 신주 앞에/ 메 한 술〉 떠 놓고 〈눈물을 참으려고/ 밖으로 나와/ 하늘을 올려다〉 본다. 사별 7주기를 맞아 따스한 봄날에 그는 임진강변의 들녘에서 달래를 한 바구니 캐온다. 며칠째 베란다에서 시들시들 마르는 것을 보고 〈아내가 와서 찌개를 했음 좋겠다〉고 아내를 그린다. 그는 〈말라버린 달래 바구니 들고/ 아내 사진 앞〉에 서서 아내를 그리는 사람이다. 그런 시인에게는 모든 사물이 아내와 연계된다. '가랑비'에서도 아내를 그리워하는 마음이 간절하다.

찌푸린 하늘
창문을 열고 얼굴을 내민다

별이 된 당신이
구름에 가리워 내가 안 보여
보고 싶은 마음 전하려고

눈물을 뿌려
눈물을 뿌려
창가에 맴돌다
내 얼굴에 점자처럼 내려앉는다

당신이 전하는 간절한 마음
얼굴로 읽는다

—「가랑비」 전문

구름에 가려 시인의 얼굴이 보이지 않자, 그의 아내는 하늘에서 가랑비로 내린다. 시인의 집 창가를 맴돌다 〈점자처럼 내려앉는다〉는 구절은 참으로 절묘(絶妙)하다. 손으로 더듬어 자신을 확인하는 아내의 손길과도 같은 가랑비, 그래서 시인은 얼굴에 흐르는 빗물에서 아내의 손길을 느끼고, 그 손길에서 아내의 마음을 읽어낸다. 이처럼 절절한 사랑을 노래하며 아내를 그린다.

그러면서도 그는 슬퍼도 슬퍼하지 않는 애이불비(哀而不悲)의 시심을 표출한다. 「비밀번호」에서 그는 〈아내의 제삿날이 되면/ 조용히 제사를 지냈다/ 슬픈 기억을 지우려고/ 아내 얘기는 입에 담지 않았다/ 아이들도/ 엄마 얘기를 안 꺼냈다〉고 한다. 그러나 아이들마저 어머니를 잊는 것 같아 서운하였는데, 어느 날 의대를 다니는 '큰애'가 은행카드를 만들어 보내왔고, 그 비밀번호를 묻자 〈엄마 생일날〉로 정했다는 대답을 듣는다. 대답을 듣고 그는 아마도 돌아서서 한없이 느껴워 울었을 것 같다.

황의진 시인은 아내를 위해 나무를 심는다. 〈농장에 앵두나무 한 그루 심었소/ 아내는 가슴에 앵두나무를 간직하고 있다/ 얼마 후 나는 아내에게 말했다/ 포도나무하고 매실나무도 심었지/ 아내는 가슴에 과수원을 만들었다/ 아내의 가슴에 과수원을 만들기 위해서〉 계속하여 나무를 심는다. 그 열매를 나누던 아내가 간 이식을 위해 떠난 후 다시 돌아오지 못한다. 그 후 시인은 냉장고에서 포도가 몇 알 말라붙어 있는 종이컵을 본다. 혹여 〈아내가 포도 컵을 가지러 꼭 올 것만 같아서〉 그 포도 컵을 식탁 위에 놓아두고 한해 여름을 보낸다. 「가슴에 심은 나무」에서 만난 가슴 아픈 사연이다.

어느 날
당신이 찾아와
두 팔로 내 목을 끌어안고
사랑한다고 사랑한다고
목이 메었다

하얀 쪽배에 몸을 싣고
당신이 은하수를 건너가던 날
별들이 다 죽어 가도록
귀뚜라미는
너무나 슬피 울었다

창가에
햇빛이 다 녹아 내려도
내 목에 걸어 두고 간
당신의 두 팔에서 헤어나지 못하고
꿈속을 꿈속을 헤멘다

— 「별들이 다 죽어가도록」 전문

그리운 사람은 꿈을 꾸어야 만날 수 있다고 한다. 그의 꿈에 나타난 아내가 사랑한다고 목이 메어 속삭인다. 꿈속의 아내가 떠나던 날 〈별들이 다 죽어 가도록〉 귀뚜라미가 슬피 울었다고 한다. 귀뚜라미의 울음은 바로 시인의 울음이다. 아내가 시인의 목에 걸어두고 간 두 팔에서 헤어나지 못하고 꿈속을 헤매는 것이 바로 시인의 변함 없는 사랑이다.

꿈에서라도 만나야 할 정도로 애타게 그리운 아내이지만, 그는 기다리지 않겠다는 아이러니를 보인다. 「복사꽃」에서 〈올해는/ 당신이 사랑하던/ 복사꽃이 피지 않았다/ 지난겨울 혹독

한 추위를/ 괴로움으로 맞섰지만/ 봄이 와도/ 끝내 꽃을 피우지 못했다〉고 한다. 이 말은 아내가 떠나서 복숭아나무도 따라 죽은 것 같다는 인식이기도 하다. 그는 죽어 썩어가는 복숭아나무를 톱으로 베어 넘긴다. 〈죽은 나무도 안타깝고/ 내 마음도 찢어져〉 다시는 복숭아나무를 심지 않겠다고 다짐한다. 〈멀리 떠난 당신처럼/ 복사꽃을 기다리지 않는다〉고 하지만, 그의 가슴에는 절절한 그리움이 흐를 것이다.

4. 가다듬는 서정을 따라

황의진 시인은 그가 마주하는 사물, 사상, 그리고 정서를 통해 다양한 형상화로 감동을 생성(生成)한다. 이웃을 제재로 한 작품에서 그는 정서의 동질성을 표출한다. 세상에서 낙오되어 안타깝게 죽은 「봉과장」에 대한 에피소드는 동병상련을 담고 있다. 「막내아들」에서는 〈개복숭아로 술을 빚어 먹으면/ 무릎관절에 효험이 있다며/ 해마다 복숭아를 따던 절름발이 할머니는/ 무릎이 오그라붙어 더는 걸을 수 없게 되었다〉며 애잔한 정서를 환기한다.

농사를 짓는 사람으로서 안타까운 정서를 토로하기도 한다. 〈채소는 뭉크러졌고/ 살아남은 무 배추는/ 고라니가 먹고/ 멧돼지가 밟았다〉다면서 절망적인 상황을 「김장」에 그린다. 특히 〈작은어머니는 배웅 나오셔서/ 거친 손을 흔드셨다/ 서리 맞은 배추 잎이 펄럭이는 듯했다〉에서 시인의 안타까운 정서가 드러난다. 「농심」에서 〈한 톨 남기지 않고/ 자식들 뒷바라지에/ 해를 거듭했다〉고 희생적 사랑을 노래하면서, 〈몇 날 며칠을 기다려도/ 안부 메시지 한통 없는/ 낡은 휴대전화 뚜껑을 행여나 해서/ 하루에 몇 번씩〉 여닫으며 외로움을 달랜다.

마을회관이나 노인정에 가면 많은 사람을 만나지만, 그 군중 속에서 외로움을 느끼는 것은 그만의 가슴 시린 삶이다. 그래서 그는 한겨울에 높은 산에서나 볼 수 있는 '상고대'와 같이 차가운 정서를 가슴에 안고 살아간다.

첫사랑은
날 따라온 꽃이라네
꽃은 눈물에서만 피었다네

어느 날
나는 밤새워 울었다네
그러나 꽃은 피지 않았다네

그 후로도
내가 울 적마다
꽃은 끝내 피지 않았다네

눈물이
모여 모여 허공을 떠돌다
나뭇가지에 내려앉아

얼음 꽃이 피었다네

—「상고대」 전문

아내를 만나 아름다운 사랑을 하고, 자녀를 훌륭하게 양육하며 살아도, 아내의 사별에 의한, 그 첫 사랑이 눈물의 꽃이라는 인식에서 빚어진 작품이다. 그러나 어느 날부터는 밤새워 울어도 그 꽃이 피어나지 않는다. 꽃이 피지 않지만, 시인은 아름다운 꽃을 기대하며 수없는 날밤을 계속하여 울 수밖에 없다. 그것이 바로 시인의 운명이이도 하다. 그 눈물이 한겨울의 나뭇가지에 내려 앉아 '얼음꽃'이 되었다는 애절한 에피소드를 작품으로 빚는다.

이러한 정서는 어머니를 그리워하는 방향으로도 승화된다. 〈어머니의 제삿날이다 상차림을 하다가 북어포를 보니/ 옛일이 생각나 북어 대가리를 잘라 문밖에 내놓고/ 그 옆에 술도 한 잔〉 따라놓는다. 이는 어머니와 숨바꼭질을 하며 찬장 밑에 살던 강아지만한 옛날의 그 쥐가, 어머니 제사를 지내는 오늘 밤에, 어머니를 따라 함께 올 것만 같아서 그런다는 것이다. 이처럼 어머니를 생각하는 마음이 오롯하고, 미물에도 관심과 동정을 베푸는 시인이 바로 황의진이다.

그는 앞으로도 따뜻한 가슴으로 작품을 빚어 새로운 감동을 생성하리라 믿는다. 이런 믿음과 기대로 황의진의 시 감상을 마친다.

임진강

황의진 시집

발 행 일 | 2013년 11월 1일
지 은 이 | 황의진
발 행 인 | 李憲錫
발 행 처 | 오늘의문학사
출판등록 | 제55호(1993년 6월 23일)
주 소 | 대전광역시 동구 삼성1동 125-6 한밭오피스텔 401호
전화번호 | (042)624-2980
팩시밀리 | (042)628-2983
홈페이지 | http://www.lito77.co.kr(홈페이지)
전자우편 | hs2980@hanmail.net

공 급 처 | 한국출판협동조합
주문전화 | (070)7119-1741~2
팩시밀리 | (031)944-8234~6

ISBN 978-89-5669-571--6
값 8,000원